14
Lk. III.

RELATION INÉDITE

DE

JOSEPH DE LA BAUME,

CONTENANT

LE JOURNAL DES OPÉRATIONS DES DÉPUTÉS DE LA PROVINCE DE LANGUEDOC

A LA COUR DE LOUIS XIV, EN 1696 ;

PUBLIÉE AVEC UNE NOTICE

Par A. GERMAIN,

PROFESSEUR D'HISTOIRE A LA FACULTÉ DES LETTRES DE MONTPELLIER.

MONTPELLIER

BOEHM, IMPRIMEUR DE L'ACADÉMIE, PLACE CROIX-DE-FER.

1856

(Extrait des Mémoires de l'Académie des Sciences et Lettres de Montpellier. — Section des Lettres.)

RELATION INÉDITE

DE

JOSEPH DE LA BAUME,

CONTENANT

LE JOURNAL DES OPÉRATIONS DES DÉPUTÉS DE LA PROVINCE DE LANGUEDOC
A LA COUR DE LOUIS XIV, EN 1696.

    C'était la coutume dans notre ancienne monarchie qu'après toute session d'États provinciaux chacun des trois ordres déléguât un ou deux de ses membres [1], pour aller présenter au roi le cahier des vœux de l'assemblée. Cet usage existait de temps immémorial, et on s'en trouvait généralement bien ; car il maintenait entre le monarque et les sujets d'utiles rapports : le roi s'instruisait par lui-même des besoins des populations, et celles-ci pouvaient apprécier, à leur tour, avec les dispositions personnelles du prince, les suprêmes labeurs de la royauté ; profitable échange, dont se réjouissait le pays, et où se ranimait de part et d'autre, sous l'inspiration des circonstances, le sentiment des devoirs publics.

    Les États de Languedoc de 1695 se conformèrent à cette heureuse habitude. Ils avaient de graves doléances à porter au pied du trône. Le gouvernement de Louis XIV, centralisateur par nature, et déjà plus pré-

---

[1] Un évêque, un baron, deux membres du tiers-état, et un syndic-général.

occupé de son intérêt propre et de celui de la capitale que de l'avenir des provinces, imposait sans relâche à ces dernières de nouveaux sacrifices. Nos États, réunis à Montpellier le 19 octobre, accordèrent, comme les années précédentes, un don gratuit de trois millions, et autorisèrent le trésorier de la bourse à fournir en outre 75,000 livres, pour le perfectionnement du Port de Cette[1] ; mais ils crurent pouvoir solliciter en revanche certaines concessions. Leurs demandes portèrent particulièrement sur les édits des mois de mai, juillet et décembre 1690, relatifs à la création des offices de jurés-experts et de greffiers de l'écritoire dans toutes les villes pourvues de juridiction royale. Il y avait là, en effet, matière à de sérieuses réclamations; car, non-seulement les fonctionnaires revêtus de ces offices percevaient des droits « excessifs » de vacations, mais ils n'avaient pas toujours, au grand détriment de l'industrie, la capacité requise pour juger en connaissance de cause dans toutes les affaires d'arts et métiers, forcément soumises à leur contrôle. Les États résolurent, afin de décharger la province de cette préjudiciable servitude, d'offrir au roi, par manière de rachat, la somme assez engageante de 63,000 livres, augmentée de deux sols pour livre, « soit pour le remboursement de ceux » qui avoient acquis lesdits offices, soit pour la subrogation au traité qui » avoit été fait, en conséquence des édits de création, pour les offices » qui restoient à acquérir[2]. »

Il faut, si l'on tient à se rendre complètement raison de cette formule, se reporter aux abus financiers en vigueur durant cette période du règne de Louis XIV. Le besoin d'argent étant alors extrême, le roi, pour s'en procurer, établissait de temps à autre de nouveaux emplois, dont il fixait le prix à sa guise. Puis, comme il eût été trop long de les vendre en détail, il en affermait en gros par ses ministres le produit à des traitants. Ceux-ci en trafiquaient, selon le tarif marqué d'avance; et quand ensuite les provinces, lasses des vexations des nouveaux employés, voulaient se soustraire à leur empire, elles étaient contraintes de racheter les

---

[1] Arch. départ. de l'Hérault, *Procès-verbaux manuscrits des États de Languedoc de 1695*, fol. 8 v° sq. du Registre officiel.
[2] *Ibid.*, fol. 22 v°.

offices vendus, en en remboursant la valeur ou aux traitants ou aux particuliers qui les avaient acquis. Le gouvernement, néanmoins, entendait conserver le droit de revenir à la charge par de subséquentes créations; et les provinces avaient ainsi toujours suspendue sur leur tête la menace d'impôts de plus en plus odieux.

Voilà à quels expédients était réduite, vers la fin du XVII° siècle, l'administration naguère si intelligente de Louis XIV. Les folles prodigalités de la cour et les perpétuelles nécessités de la guerre l'avaient poussée dans cet abîme, et le pays n'avait d'autre ressource, pour échapper à ces tyranniques provocations, que de se résigner à se ruiner.

Les États de Languedoc de 1695 se comportèrent dans le vote dont il s'agit, conformément à ces exigences : système déplorable, qui devait, pour la honte du pouvoir et l'amoindrissement de la province, recevoir pendant longues années une périodique et presque constante application.

Ce vote spécial ne nuisait, du reste, en rien à l'octroi des autres dépenses. Le chiffre des gratifications allouées aux hauts fonctionnaires demeurait le même qu'antérieurement; on continuait de pourvoir à la solde régulière des mortes-payes et des garnisons, comme aussi à l'entretien et à la réparation des routes, et on encourageait avec une faveur exceptionnelle les manufactures [1]. On faisait plus encore : on assurait au roi pour 1696 une capitation de 1,200,000 livres, à condition toutefois que ce tribut de guerre cesserait d'être perçu trois mois après la publication de la paix [2]. L'assemblée se flattait d'acquérir, en luttant de la sorte contre l'appauvrissement général, le droit d'adresser de respectueuses demandes au monarque, et espérait obtenir de la majesté de Louis XIV la restitution de quelques-uns de ses priviléges les plus chers.

Elle remit le soin de faire valoir sa requête aux députés qu'elle choisit dans les trois ordres, pour aller présenter au roi, selon l'usage, le cahier de la province. Ces députés furent : pour le clergé, l'évêque de Béziers, Armand de Rotondis de Biscaras; pour la noblesse, le marquis de Caylus;

---

[1] Arch. départ. de l'Hérault, *Procès-verbaux manuscrits des États de Languedoc de 1695*, fol. 30 r°, 55 r° sq., 56 v° sq., 63 v° sq., et 73 r° sq.

[2] *Ibid.*, fol. 51 r° sq.

pour le tiers-état, Joseph de la Baume, assesseur de Nimes, et M. de Milhau, maire de Castres, auxquels devait s'adjoindre le syndic-général M. de Boyer. La députation était digne et imposante. Le prélat chargé de la présider comptait parmi les plus anciens évêques de France, et le noble personnage appelé à le seconder a conquis un durable souvenir dans l'histoire, soit par sa valeur personnelle, comme menin du grand dauphin et comme lieutenant-général des armées du roi, soit par sa femme la spirituelle et séduisante Marguerite de Villette, une des plus gracieuses célébrités de la cour de Louis XIV, et par leur fils le savant comte de Caylus, l'infatigable artiste antiquaire. Le tiers-état, de son côté, pouvait s'enorgueillir de ses représentants, et surtout du premier d'entre eux, Joseph de la Baume. Mais celui-ci allait jouer un rôle trop considérable, pour qu'une simple indication suffise à le caractériser. Son nom se trouve omis, d'ailleurs, dans les Biographies prétendues universelles, et il est juste de lui restituer la part de relief qui lui est due.

Charles-Joseph de la Baume[1], né à Nimes vers le milieu de janvier 1644, appartenait à une noble famille, dont les titres furent constatés par jugement authentique de l'intendant de Bezons, du 24 décembre 1668[2]. Son père, Louis de la Baume, occupait la charge de procureur du roi au présidial de Nimes, et il la remplit durant une trentaine d'années avec tant de distinction, que Louis XIV daigna, le 18 avril 1654, afin de récompenser convenablement ses services, le gratifier d'un brevet de conseiller d'état. Ce digne père étant mort le 13 mars 1658, Joseph de la Baume, qui étudiait alors en droit à Avignon, après avoir fait à Nimes ses humanités et sa philosophie, loin de se prévaloir de ce malheur pour revendiquer une trop souvent funeste indépendance, redoubla, au contraire, d'application au travail. Ce zèle porta ses fruits : il prit ses grades

---

[1] Ou *Labaulme*, comme signait sa veuve et comme il avait signé lui-même ; l'orthographe que j'adopte a néanmoins prévalu.

[2] Voy., ap. *Pièces fugitives pour servir à l'histoire de France*, Paris, 1759, in-4°, tom. I, partie 2e, les *Jugemens sur la noblesse de Languedoc*, pag. 162-163. — Ils furent de nouveau enregistrés le 23 avril 1697, conformément à l'arrêt du Conseil d'état du 20 novembre 1696. Consulter à la bibliothèque de la ville de Nimes et à celle de Montpellier l'*Armorial* manuscrit de la sénéchaussée de Nimes, article 181.

avec succès dans l'université d'Avignon, et fut, le 20 juin 1659, reçu avocat au présidial de Nimes. Il n'avait pas encore quinze ans et demi ; et, comme s'il avait dû être précoce en tout, il était âgé de moins de dix-neuf ans lorsqu'il épousa, le 22 mai 1662, Gabrielle Pascal [1].

Une fois marié, il acheta un office de conseiller au présidial de Nimes, dont il fut mis en possession le 28 janvier 1665. Après avoir exercé sa charge pendant près de trois ans, le désir de compléter son instruction le conduisit en Italie. Il s'y attacha surtout à l'étude de l'antiquité. Il écrivit, moitié en prose, moitié en vers, une relation alternativement badine et sérieuse de son séjour à Rome, qu'il adressa à une dame de ses connaissances, et où se révélait, comme dans la traduction de quelques odes d'Horace et diverses autres pièces émanées de sa plume, un incontestable talent pour la versification. Il se perfectionna progressivement, au retour de son voyage, dans la culture des lettres, et fut en 1682 du nombre des fondateurs de l'Académie royale de Nimes. Cette compagnie, dont les débuts sont demeurés célèbres, et qui a mérité l'insigne privilége d'être associée en 1692 à l'Académie Française [2], s'assembla longtemps chez Joseph de la Baume ; elle l'employa fréquemment pour porter la parole dans les grandes occasions, et elle l'eut ensuite pendant plusieurs années pour secrétaire [3].

Au premier rang parmi les littérateurs de sa ville natale, Joseph de la Baume ne tarda pas à attirer sur lui les faveurs de la cour et la confiance de ses concitoyens. Le roi, touché de ses services comme magistrat et de son zèle comme catholique, l'appuya en 1685 de deux lettres de recommandation, à propos d'un procès de famille, et lui accorda en 1686 une pension, qui lui fut payée jusqu'à sa mort. En 1694 il était élu premier consul de Nimes, au tour des gentilshommes, et en 1695 il entrait, en qualité d'assesseur de la même ville, aux États-Généraux de Languedoc. Ce furent ces États qui le nommèrent parmi ceux de leurs représentants appelés à l'honneur de porter le cahier à Louis XIV. Il s'ac-

---

[1] Voy. Ménard, *Hist. de Nimes*, VI, 454.
[2] Voy. *Ibid.*, VI, 324.
[3] Voy. *Ibid.*, VI, 462. Cf. 349.

quitta de cette mission d'une manière d'autant plus glorieuse, que l'évêque de Béziers étant tombé malade et le marquis de Caylus ne pouvant quitter la tête de son régiment, l'absence de ces deux députés du clergé et de la noblesse lui laissa tout le péril comme tout l'avantage de l'ambassade. Le cas était exceptionnel. De la Baume en fit part au cardinal de Bonzi, archevêque de Narbonne, président des États, qui se trouvait alors à Versailles, et le supplia de soumettre au roi la singularité de la circonstance, en l'invitant à vouloir bien lui tracer une ligne de conduite. Le monarque répondit que, les États de Languedoc ne formant qu'un seul corps, composé de trois ordres, quand les premiers manquaient, le dernier devait prendre leur place ; qu'il était, conséquemment, juste que les députés du tiers-état lui présentassent le cahier, mais qu'il leur fallait paraître devant lui dans l'attitude prescrite à cet ordre par le cérémonial, c'est-à-dire un genou à terre. Celui qui conduisait la députation jouirait, du reste, ajouta le roi, du privilége de lui parler l'épée au côté, puisqu'il avait porté l'épée au sein de l'assemblée des États.

Joseph de la Baume se vit, par suite de cette décision, investi de la prérogative de présenter le cahier et de haranguer Louis XIV. Nous possédons encore sa harangue, et il ne paraîtra nullement étonnant à quiconque la lira, que le Conseil de ville de Nîmes lui ait fait l'honneur de la transcrire sur le registre officiel de ses procès-verbaux [1]. C'est un morceau profondément médité, où l'art domine, et où perce une habile flatterie à l'adresse du roi, mêlée d'un sentiment très-légitime d'orgueil de la part du tiers-état et de ferventes aspirations vers la paix. Le désir de sages remontrances, ou tout au moins de salutaires conseils s'y abrite sous le voile presque toujours transparent de l'éloge, et on s'aperçoit, en lisant avec attention cette pièce d'éloquence semi-parlementaire, que Louis XIV était bien loin d'avoir anéanti, comme on le répète trop souvent, toutes les libertés. Il y a dans ce discours de Joseph de la Baume une haute leçon d'histoire, et cette circonstance, jointe à l'extrême rareté du document, m'invite à l'insérer ici :

---

[1] Arch. municip. de Nîmes, *Registre des délibérations du Conseil de ville*, coté N° 30, fol. 29 v° sq., séance du 16 septembre 1696.

« Sire,

» Nous venons présenter à Votre Majesté les hommages de sa pro-
» vince de Languedoc. La maladie ou l'absence de ceux qui devoient
» marcher à notre tête fournit une occasion précieuse au tiers-état de
» vous offrir lui même ce tribut solemnel de notre fidélité.

» Jusques à ce jour, Sire, nos actions avoient été les seuls interprètes
» de nos sentiments. Les efforts continuels que nous faisions pour vous
» plaire parloient en notre faveur ; mais nous n'avions pas encore eu le
» bonheur de pouvoir dire une fois ce que nous avons toujours senti.

» Nous éprouvons avec une extrême reconnoissance qu'il n'y a point
» d'ordre dans votre royaume qui ne puisse espérer de trouver un accès
» favorable auprès du trône de Votre Majesté. La foiblesse de l'orateur
» ne fait point de tort aux peuples dont il offre les vœux. Votre Majesté,
» plus sensible à la vérité qu'à l'éloquence, néglige le langage de l'esprit,
» pour n'entendre que celui du cœur.

» C'est par ce langage, Sire, que le tiers-état prétend le disputer aux
» autres ordres de notre province. Il leur cédera toujours la gloire de
» l'éloquence, et souvent même celle de la valeur ; mais il ne leur cédera
» jamais celle de la fidélité.

» Que cette vertu est facile à exercer sous un prince qui, de la même
» main dont il fait trembler ses ennemis, répand sans cesse de nouvelles
» grâces sur les moindres de ses sujets !

» Le temps approche, Sire, où Votre Majesté pourra suivre sans ob-
» stacle ses inclinations bienfaisantes. En vain l'erreur, l'ambition et
» l'envie ont armé une seconde fois toute l'Europe contre vous. Après
» huit années d'une guerre qui n'a servi qu'à faire paroître avec plus
» d'éclat la puissance de Votre Majesté, toute l'Europe va être forcée une
» seconde fois à recevoir la paix de vos mains.

» La province de Languedoc s'est épuisée avec plaisir, pour fournir aux
» dépenses de la guerre : son zèle ingénieux a sçû même trouver des

» moyens inconnus jusques alors de secourir l'État¹. Elle osoit se vanter,
» il y a deux ans, d'avoir offert la première ce nouveau secours à Votre
» Majesté. Oseroit-elle se flatter aujourd'hui que Votre Majesté lui fera
» goûter les premiers fruits de la paix, qu'elle est à la veille de nous
» donner?

» Vous ne vous contentez pas, Sire, de nous avoir fait vaincre ; vous
» voulez nous rendre heureux. Vous préférez le repos et la tranquillité de
» vos peuples à toutes les victoires. Le titre de Roy pacifique a plus de
» charmes pour vous que celui de Roy conquérant, et tout l'univers va
» être persuadé que, comme Votre Majesté n'a fait la guerre que par
» nécessité, elle ne donnera la paix que par modération.

» Mais, Sire, où nous emporte l'ardeur de notre zèle? Il nous fait
» oublier qu'il ne nous convient que d'admirer Votre Majesté, de la servir,
» et de nous taire ². »

Ce fut le 16 août 1696, et à Versailles, que Joseph de la Baume prononça ce discours. Il le prononça, conformément aux récentes prescriptions, d'accord avec l'antique cérémonial, un genou à terre, après avoir

---

¹ Allusion à l'établissement de la *Capitation*, ou impôt personnel, par les États de 1694. Ce fut pour l'époque une très-remarquable innovation ; car la capitation, à la différence des anciens impôts, perçus principalement sur le peuple, n'admettait le privilège d'aucune classe, et atteignait indistinctement les trois ordres, enveloppant même les princes dans une commune égalité contributive. Les États de Languedoc voulurent montrer par là que chaque citoyen devait, en dépit des hasards de la naissance, consacrer au service de la patrie, non-seulement son sang, mais ses biens et son travail ; touchante et libérale protestation, qui demeurera toujours comme un de leurs plus beaux titres à la reconnaissance publique.

² *Registre des délibérations du Conseil de ville de Nimes*, coté N° 30, fol. 29 v° sq., séance du 16 septembre 1696. — La harangue y est précédée du préambule ou des considérants que voici : « MM. les consuls ayant appris que M. de la Baume,.... qui a esté premier consul de la
» ville en l'année 1694, en qualité d'assesseur gentilhomme, et qui a esté depputté en cour par
» l'assemblée de nos seigneurs des Estats de cette province avec Monseigneur l'eveque de Beziers,
» M. le marquis de Caylus et M. de Boyer, scindic general de ladite province, pour presenter
» au Roy le cahier des doleances, a esté encores obligé d'haranguer Sa Majesté et toute la
» maison royale, a cause de la maladie de Monseigneur l'eveque de Beziers et de l'absence de
» M. de Caylus, qui estoit a son regiment, ilz ont jugé a propos de faire transcrire dans le
» present Registre la harangue qui a esté faite au Roy par ledit sieur de la Baume, en qualité

préalablement fait devant le prince, assis et couvert au milieu de sa cour, trois révérences, à la seconde desquelles le monarque répondit en se découvrant. Rien ne précise jusqu'à quel point l'orateur montra de fermeté dans le débit de sa harangue. Mais il est vraisemblable que, bien que paraissant à la cour pour la première fois, Joseph de la Baume ne fut pas trop embarrassé. Il devait à la nature de ses fonctions et à l'heureuse spontanéité de son caractère une aisance exquise à parler en public; et Louis XIV, d'ailleurs, afin de l'accoutumer à la vue de sa personne, avait auparavant, par une marque de bienveillance digne d'être signalée, pris plaisir à tourner les yeux vers lui dans sa chapelle, pendant la messe. La harangue, quoi qu'il en soit, réussit à merveille, et tout le monde en fit compliment à l'orateur, eu égard surtout au peu de temps qu'il avait eu pour la préparer. Le roi lui-même en témoigna hautement sa satisfaction : « On ne sçauroit être, ajouta-t-il, plus content » que je le suis de ma province de Languedoc. Je vous charge de l'assu- » rer de mon affection, et de lui dire de ma part qu'elle sera la première » province de mon royaume que je soulagerai. »

Le soulagement se fit attendre. La pacification de Ryswick ne produisit pas, sous ce rapport, les résultats qu'on en espérait, et la guerre de la succession d'Espagne, entreprise presque aussitôt après, allait rendre impossible toute réduction d'impôts. Les députés du Languedoc eurent beau s'efforcer d'intéresser au succès de leur cause, par de respectueuses

---

» de premier consul de cette ville et depputté des Estats, affin qu'il en soit memoire pour l'avenir, » et que le depputté du tiers-estat en cour doit haranguer le Roy en l'absence ou maladie de » MM. les depputtez du clergé et de la noblesse de la province, ladite harangue estant de te- » neur : Sire, etc. » — Le *Mercure historique et politique* de septembre 1696, après avoir enregistré (tom. XXI, pag. 284 sq.) le discours de Joseph de la Baume, l'accompagne (pag. 317) de l'appréciation suivante : « S'il falloit comparer cette harangue avec celles que les Communes » d'Angleterre font au roi, on y trouveroit bien de la différence. Mais à ne considérer ici que » l'art et l'esprit de l'orateur, par rapport au temps, au lieu et au style ordinaire qu'on emploie » en ces sortes d'occasions, il faut convenir qu'il ne pouvoit pas représenter d'une manière » plus ingénieuse l'épuisement des peuples et le besoin qu'ils ont de la paix, ni la demander de » meilleure grace avec la décharge de la capitation : demande délicate, qui a d'autant plus » besoin d'être assaisonnée à la cour, qu'il n'y convient, suivant la conclusion de ce discours, » que d'*admirer, de servir, et de se taire.* »

visites d'apparat, le dauphin, le duc et la duchesse du Maine, le chancelier, le contrôleur-général, etc. : la réponse à leur cahier, tout encourageante, tout affectueuse même qu'elle fut, se borna à de vaines paroles et à de stériles promesses; de sorte que les députés, à part d'insignifiantes concessions, n'eurent à rapporter à leur province que le récit de tentatives avortées.

C'est ce récit qu'on va lire. Bien que relatif à une suite d'opérations demeurées généralement infructueuses, il est très-loin de manquer de valeur; car, en nous familiarisant avec les habitudes intimes de la société politique du XVIIe siècle, il nous permet de contempler en face l'une de l'autre l'impérieuse ténacité d'un gouvernement réduit à employer tous les moyens pour remplir son trésor, et la vie persistante de nos États provinciaux, réclamant contre l'absorption progressive de leurs ressources par un pouvoir essentiellement avide. Il est peu de pièces de ce genre plus curieuses, et il n'y en a pas de plus véridiques, puisque c'est Joseph de la Baume lui-même qui rend compte de sa mission : il en rend compte, au bout de quelques mois seulement d'intervalle, à ces mêmes États de Languedoc d'où lui venait son mandat.

Les États lui surent gré de ses efforts; ils lui octroyèrent, par un vote spécial, après avoir écouté son compte-rendu avec le plus vif intérêt, une gratification exceptionnelle [1], et la ville de Nimes, afin de perpétuer, à

---

[1] Voici le passage du procès-verbal de la séance des États du 13 décembre 1696, concernant cette affaire; je l'extrais textuellement d'un des registres officiels :

« Monseigneur le cardinal de Bonsy president a dit que cette seance a esté destinée pour
» entendre le rapport de Messieurs les deputez qui sont de retour de la cour, apres quoy Monseigneur l'evesque de Besiers a dit que, l'assemblée luy ayant fait l'honneur de le nommer
» avec M. le marquis de Caylus, MM. de Labaume, assesseur de Nismes, de Milhau maire de
» Castres, et de Boyer scindic general, pour porter le cahier de la province au Roy, il s'estoit
» chargé avec plaisir, conjointement avec MM. les autres deputez, de la poursuite des affaires,
» se sentant plein de zele pour les interests de la province, et regardant cette occasion de le
» temoigner à l'assemblée comme un avantage tres precieux; mais qu'il la perdit bientost de
» veue par le contre temps d'une maladie, qui luy survint peu apres son arrivée a Paris, et
» qui le priva de l'honneur de presenter le cahier a Sa Majesté; qu'en l'absence de M. le marquis
» de Caylus, qui estoit pour lors a l'armée, et qui s'y est si fort distingué par sa valeur, qu'il
» a merité un éloge de la propre bouche du Roy, M. de Labaume y avoit suppléé avec tant de
» succes, et s'estoit acquité si dignement de cette fonction, qu'il en estoit resté a toute la cour

son tour, le souvenir de l'événement, fit, comme je l'ai dit, transcrire la harangue de l'habile député sur le Registre des délibérations de son Conseil.

» une haute idée du merite de tous les ordres de la province ; que quoy que l'on eut pû se
» reposer de la conduite des affaires sur le zele et la capacité de MM. de Labaume, de Milhau
» et de Boyer, ilz avoient esté cependant assez heureux pour que le retour de la santé de Son
» Eminence luy permit d'aller a la cour ; que cette heureuse conjoncture avoit remplacé si
» avantageusement le secours que les Estatz auroient pû desirer de la part de M. de Caylus et
» de la sienne, qu'il y avoit lieu de croire que MM. les autres deputez ne s'estoient pas apperceus
» de leur absence, ayant esté aydez de Monseigneur le cardinal de Bonsy, lequel par son
» puissant credit et la grande consideration qu'on a pour luy a la cour avoit procuré un succez
» favorable aux affaires les plus difficiles, et que l'assemblée en sera plus exactement informée
» par le rapport que M. de Labaume luy fera du detail des poursuites de MM. les deputez, qui
» ont agy avec toute l'application et tout le zele possible, ne pouvant assez exprimer le deplaisir
» qu'il a eu de ne le pouvoir seconder autant qu'il l'auroit desiré, et qu'il tachera de remplir
» ce vuide par l'application qu'il aura toute sa vie au service de la province. Et ensuite le sieur
» de Labaume, assesseur de Nismes, a dit qu'a l'occasion de la maladie de Monseigneur l'evesque
» de Besiers, et en l'absence de M. le marquis de Caylus, qui estoit a l'armée pour le service de
» Sa Majesté, il avoit crû que, se trouvant à la teste de la deputation, il ne devoit rien oublier
» pour procurer à l'ordre du tiers estat en sa personne l'honneur de haranguer le Roy et luy
» presenter le cahier ; que par la protection et par le credit de Son Eminence il auroit obtenu
» de la bonté du Roy qu'il auroit l'honneur de le haranguer un genou a terre, ce qu'il avoit
» fait au jour qui fut marqué par Sa Majesté, laquelle leur auroit accordé une audience tres
» favorable et avoit eu la bonté de respondre qu'elle estoit tres satisfaite de sa province de
» Languedoc, qu'elle le chargeoit de dire a cette assemblée qu'il la distingueroit sur toutes
» les autres provinces de son royaume, et qu'elle seroit soulagée la premiere, dez que ses affaires
» le luy pourroient permettre. Apres quoy ledit sieur de Labaume, continuant son rapport, a
» rendu compte a l'assemblée de toutes les visites qu'ils avoient fait, au nom des Estatz, a MM. les
» ministres et a ceux qu'on a accoustumé de visiter. Et ensuite le sieur de Boyer, scindic general,
» a rendu compte a l'assemblée du detail de toutes les affaires qu'ils avoient soliciteez au Conseil
» et traiteez dans la conference qu'ils avoient eu avec M. le controlleur general, ayant finy son
» rapport en faisant connoistre a l'assemblée que tout le succez de la deputation estoit deu a la
» protection que Son Eminence leur avoit accordée et au puissant credit qu'elle a a la cour ;
» apres lequel rapport Monseigneur le cardinal de Bonsy, president, ayant remercié MM. les
» deputez, et les ayant priez de sortir pendant que l'on delibereroit sur leur gratification, les
» Estatz ont accordé à Monseigneur l'evesque de Besiers la somme de 4000 livres, pareille
» somme à M. le baron de Rouayroux ; et aux sieurs de Labaume, de Milhau et de Boyer la
» somme de 2000 livres a chacun d'eux, lesquelles sommes leur seront payeez comptant par le
» thresorier de la bourse, et ce outre et par dessus celles qu'ils ont receus avant leur depart
» pour les fraiz de leur voyage. Et en consideration de ce que le sieur de Labaume a eu l'hon-

Le rapport que j'édite a été connu du savant Ménard, qui s'en est servi dans le VI⁰ volume de son *Histoire de Nismes*. Il le tenait vraisemblablement de la famille de Joseph de la Baume ; car c'est à côté de notes autographes, communiquées par celle-ci au laborieux historien, que je l'ai rencontré. J'ignore si l'original subsiste ailleurs ; mais la copie que j'ai eue sous les yeux m'a paru réunir tous les caractères désirables d'authenticité.

Ce rapport n'est pas l'unique fruit du talent de Joseph de la Baume qui ait survécu. Il m'a été impossible de découvrir, malgré les investigations les plus actives, si l'on a conservé, soit le journal, moitié en prose, moitié en vers, qu'il composa durant son voyage d'Italie, soit le volume de *Remarques sur l'histoire générale*, que Ménard lui attribue. Mais on possède de lui une très-intéressante *Relation de la révolte des Fanatiques*, et ce dernier ouvrage mériterait surtout d'être imprimé ; car il est aisé de voir, en parcourant les deux manuscrits que j'en ai consultés, l'un à Nimes, à la bibliothèque publique, et l'autre à Montpellier, dans celle de M. Sicard [1], qu'il renferme, quoiqu'à l'état de simple ébauche, nombre d'anecdotes importantes. Il n'y a guère de témoignages plus précieux touchant cette partie de notre histoire. Non-seulement Joseph de la Baume parle des Camisards avec la sûreté d'un contemporain, mais il se trouvait mieux que personne en position de les apprécier : il participa, comme conseiller au présidial de Nimes, au jugement de la plupart de ceux d'entre eux qui furent arrêtés, et ce sont les procédures elles-mêmes qui lui ont fourni la matière de sa narration.

Il reste enfin de Joseph de la Baume une harangue à l'Académie Fran-

---

» neur de haranguer le Roy, a cause de la maladie de Monseigneur l'evesque de Besiers et en
» l'absence de M. le marquis de Caylus, et des despenses extraordinaires qu'il a esté obligé de
» faire se trouvant a la teste de la deputation, les Estatz luy ont accordé la somme de 1000 livres,
» laquelle luy sera payée comptant par le thresorier de la bourse, sur les deniers de l'avance
» des fraiz des Estatz. » (Arch. départ. de l'Hérault. *Procès-verbaux manuscrits des États de Languedoc*, ann. 1696-1697, fol. 19, v° sq.

[1] Ce second manuscrit provient de la bibliothèque de Villeneuve-lez-Avignon, achetée en 1853 par le libraire Seguin, puis vendue en détail, principalement à Montpellier. Les ratures qu'on y rencontre çà et là sembleraient révéler un original. Le manuscrit de Nimes, évidemment postérieur, est dû à la plume de Séguier. Il est coté au Catalogue 13,846.

çaise. Il jouissait, à titre de membre de l'Académie royale de Nimes, de la prérogative de pouvoir assister, en vertu de l'association de 1692, aux séances de l'illustre compagnie. Il aura dû profiter de ce privilége, et, encouragé par son succès auprès de Louis XIV, prendre chez elle la parole. Cette seconde harangue n'est pas inférieure à la précédente ; elle a même quelque chose de plus soigné encore, et semble attester, de la part de notre auteur, un surcroît de spirituelle délicatesse [1]. Il se serait applaudi de son œuvre, si l'on en jugeait par les emprunts qu'il lui a faits pour le compte-rendu qu'il offrit ensuite aux États [2].

Mais il est temps de clore cette Notice. On en sait maintenant assez sur Joseph de la Baume [3] et sur les motifs de son ambassade, pour comprendre les détails de sa Relation. J'en donne le texte d'après la copie manuscrite dont j'ai parlé, me bornant à insérer çà et là de courts éclaircissements au bas des pages. Elle fut lue, ou, si on l'aime mieux, prononcée dans la séance des États de Languedoc du 13 décembre 1696.

---

[1] J'emprunte le texte de cette petite harangue académique à la transcription qu'en a laissée Ménard : le consciencieux historien de Nîmes l'a copiée de sa main, immédiatement à la suite de la précédente.

« Messieurs, l'honneur que je reçois aujourd'hui est un des fruits precieux de l'association
» que vous avez eu la bonté d'accorder à l'Academie royale de Nismes. Nous ne sçaurions trop
» renouveller la memoire d'un jour si glorieux pour nous. Il etablit un commerce avantageux,
» ou nous ne mettons rien et ou nous recevons tout, et ou vous nous enrichissez sans vous
» appauvrir. Notre ambition n'est pas assez aveugle pour nous faire aspirer à devenir vos
» rivaux ; mais elle est assez grande pour nous faire souhaiter de tenir le premier rang dans
» le nombre de vos disciples. Nous te tenons déjà parmi vos admirateurs ; heureux s'il etoit
» aussi facile de vous imiter que de vous admirer. Ce sont, Messieurs, les veritables senti-
» ments de toute l'Academie de Nismes. Ils pouvoient vous etre expliqués par une bouche plus
» eloquente, mais non pas plus sincere. C'est la seule louange à laquelle j'ose pretendre. Dis-
» pensez-moi, Messieurs, de vous en dire davantage. Quand on a l'honneur de parler devant
» vous, l'amour-propre le moins eclairé renonce d'abord à la gloire de l'eloquence, pour se
» retrancher dans celle de la sincerité. »

[2] Je ne parle pas d'un cahier d'*Eclaircissemens sommaires sur les antiquités de Nismes*, que lui attribuait Séguier, et que j'ai également retrouvé parmi les manuscrits de Ménard. Joseph de la Baume, sans désavouer cette œuvre, n'y attachait sans doute pas lui-même beaucoup d'importance.

[3] Je n'aurais, d'ailleurs, qu'une chose à ajouter : c'est que Joseph de la Baume est mort à Margueritter, près de Nîmes, le 30 avril 1715.

Discours fait aux Etats, par Charles-Joseph de la Baume, pour rendre compte de la deputation de 1696.

Messieurs,

Nous allons renouveller par notre rapport le deplaisir que vous avés eu de la maladie de M. l'eveque de Besiers. Outre la part que son merite vous oblige de prendre a tout ce qui luy arrive, votre interet vous y engage : vous avés eté privés de ses soins et de ses lumieres, qui vous auroient été d'un grand secours.

Comme la maladie du premier et l'eloignement du second nous ont procuré l'honneur de presenter le cayer au Roy et celuy que nous recevons aujourd'huy, nous n'avons peu nous dispenser de vous en parler.

Nous vous demandons, Messieurs, la meme indulgence qu'on a eue pour nous a la cour et la grace de nous accorder une audience favorable, pour le compte que nous devons vous rendre de notre deputation.

Nous arrivames à Paris le 28 du mois de juillet : c'est le temps que M. votre sindic nous avoit [avertis] d'y etre.

Nous trouvames que M. l'eveque de Besiers etoit hors d'etat d'agir ; M. le marquis de Queilus servoit a la tete de son regiment.

Nous examinames le meme jour la conduite que nous devions tenir : le cas etoit singulier et nouveau. Si je n'avois consulté que mon interet, j'aurois deu souhaiter d'etre dechargé d'un fardeau qui etoit infiniment au dessus de mes forces.

Mais je creus, Messieurs, que nous devions remplir notre devoir, qui nous engageoit de conserver a cette auguste compagnie le privilege dont elle a toujours joui, de faire presenter au Roy avec ceremonie les vœux et les hommages de la province de Languedoc.

Nous adjoutames a cette consideration que rien ne pouvoit nous dispenser de soutenir le glorieux avantage que les accidents impreveus offroient au tiers etat en le mettant a la tete de la deputation. Pour reussir dans ce projet, nous primes la liberté de nous adresser a son Eminence [1]. Nous la suppliames de proposer le cas au Roy, et de luy demander la grace de regler notre conduite.

Son Eminence, qui ne se lasse jamais de donner ses soins et d'employer son credit pour tout ce qui peut regarder la province, exposa l'etat des choses a Sa Majesté, qui, après l'avoir ecoutée attentivement, luy repondit que les Etats de Languedoc ne faisoient qu'un seul corps, composé de trois ordres ; que, quand les

---

[1] Le cardinal Pierre de Bonzi, archevêque de Narbonne, président des États de Languedoc.

premiers manquoient, le dernier devoit prendre leur place ; qu'il etoit juste que les deputés du tiers etat luy presentassent le cayer, mais qu'il falloit qu'ils parussent devant elle en la posture que cet ordre a accoutumé d'y paroitre, c'est a dire un genouil en terre.

Elle ordonna aussi que celuy qui etoit a la tete de la deputation auroit l'honneur de luy parler l'epée au coté, puisqu'il l'avoit portée dans vos assemblées. Après cette decision, nous pensames a remplir tous nos devoirs.

Le 1ᵉʳ du mois d'aoust, nous allames a Versaille rendre nos tres humbles respects a son Eminence. Nous la suppliames de nous continuer sa protection, qui a toujours eté si utile a la province; nous la conjurames de nous guider de ses conseils et de nous appuyer de son authorité, pour obtenir du Roy une reponse favorable aux justes demandes que nous avions a luy faire de votre part.

Son Eminence nous accueillit avec cet air gracieux et ces manieres charmantes qui luy gagnent les cœurs de tout le monde : elle ne se contenta pas de nous promettre son secours; elle voulut que nous l'accompagnassions a Trianon au lever du Roy. Elle eut la bonté de nous presenter a ce grand prince, qui, pour luy marquer son estime et la consideration qu'il a pour elle, nous receut favorablement.

Ainsi, Messieurs, dès ce premier jour nous commençames a ressentir les effets de sa faveur et de son credit, qui ne furent jamais plus grands.

Je ne sçay, Messieurs, si vous approuverés que je vous entretienne de quelques circonstances qui paroitroient inutiles dans toute autre occasion que dans celle cy, ou il s'agit d'un cas extraordinaire, qui semble demander qu'on n'oublie rien de ce qui peut servir a contenter votre curiosité. C'est uniquement le desir de vous plaire et de vous marquer notre exactitude qui m'engage a vous en parler.

Je n'avois jamais eté a Paris. Je devois tacher de m'accoutumer a la veüe du Roy, avant que de le haranguer.

On me plaça a sa messe dans un endroit d'ou je pouvois le voir commodement. Il s'en apperceut, et jetta plusieurs fois les yeux sur moy. Il dit ensuite qu'il avoit souvent regardé le député du Languedoc, qui luy devoit presenter le cayer, pour l'accoutumer a sa veüe. Quel exces de bouté dans le plus grand Roy du monde!

Etant de retour a Versaille, nous vimes M. le marquis de Chateauneuf [1]. Nous le remerciames des bons offices qu'il a rendus a la province; nous le priames de les luy continuer, et de nous faire la grace de demander au Roy le jour de son audience.

Après nous avoir remerciés de l'honneur que les Etats luy faisoient, il nous dit

---

[1] Balthazar Phelypeaux, marquis de Châteauneuf et de Tanlay, comte de Saint-Florentin, seigneur de la Vrillière, secrétaire d'État, greffier des ordres du Roi.

qu'il sçauroit de Sa Majesté, dès qu'il trouveroit l'occasion de luy en parler, le jour qu'elle voudroit permettre que nous luy presentassions le cayer.

Le soir, nous retournames a Paris, pour nous preparer aux discours que nous avions a faire, et pour dresser notre cayer.

Le 12, M. le marquis de Chateauneuf nous fit avertir que nous aurions l'audience le 16, a dix heures du matin.

Nous allames la veille a Versaille. Le lendemain matin, nous nous rendimes a la salle des ambassadeurs un peu avant l'heure marquée. Le maitre des ceremonies nous y vint prendre, et nous conduisit jusques a la porte de l'antichambre, ou M. le marquis de Chateauneuf nous receut.

Le Roy etoit assis dans son fauteuil et couvert, environné de toute sa cour. Nous fimes trois profondes reverences. Il se decouvrit a la seconde, et nous salua du chapeau.

Ayant mis un genouil a terre, nous tachames a luy exprimer l'ardeur et l'estendüe de notre zele. Nous primes la liberté de luy representer que la province de Languedoc s'etoit epuisée avec plaisir pour fournir aux depenses de la guerre; nous luy demandames avec un profond respect que puisqu'elle s'etoit toujours distinguée par des efforts bien au dessus de ses forces, qu'il luy pleut de la distinguer dans la distribution de ses graces : après quoy nous luy presentames le cayer.

Le Roy, qui nous avoit ecoutés avec bonté, nous dit en le recevant : « Je le feray » repondre le plutot et le plus favorablement qu'il se pourra. » Il adjouta : « On ne » sçauroit etre plus content que je le suis de ma province de Languedoc. Je vous » charge de l'assurer de mon affection, et de luy dire de ma part qu'elle sera la pre- » miere province de mon royaume que je soulageray. » S'etant levé, nous nous retirames, en faisant trois reverences a reculons. M. le marquis de Chateauneuf nous ramena jusques a l'endroit ou il nous avoit receus.

De l'audience du Roy, nous fumes conduits par le maitre des ceremonies a celle de Monseigneur[1]. Il etoit couvert, assis dans un fauteuil, entouré d'un grand nombre de courtisans. Nous fimes trois reverences ; il se decouvrit a la seconde, et nous salua du chapeau. Etant a un pas de sa chaise et debout, nous luy offrimes nos vœux et nos hommages. Nous y adjoutames que vous feriés toujours consister votre principale gloire a luy donner des marques du zele ardent que vous avés pour son service et de votre profonde soumission a ses ordres.

Il nous repondit qu'il etoit content des marques d'affection que vous luy faisiés donner, nous chargea de vous assurer de la sienne, et qu'il vous rendroit service dans les occasions.

---

[1] Le dauphin Louis, fils aîné de Louis XIV, qui devait mourir le 14 avril 1711, plus de quatre ans avant son père.

Nous nous retirames de son audience de la meme maniere que nous avions fait de celle du Roy. Le maitre des ceremonies nous ramena dans la salle des ambassadeurs, d'ou nous sortimes un moment après, pour aller diner chez son Eminence, qui donna un grand repas, ou M. le marquis de Chateauneuf, M. de la Vrilliere, le maitre des ceremonies et quelques autres personnes de distinction furent priées.

Vous sçavés, Messieurs, que le jour qu'on a l'honneur de parler au Roy il n'est permis que de voir Monseigneur. Ainsi il fallut attendre au lendemain, pour rendre les devoirs de la province a Madame la duchesse du Mayne.

Lorsqu'on luy fit demander l'heure de son audience, elle repondit qu'elle alloit monter en carrosse pour Chantilli, ou elle devoit rester quelques jours, qu'elle nous prioit de renvoyer la visite jusques a son retour, et que cependant nous fissions les autres compliments dont nous etions chargés.

Nous ne laissames pas de rester à Versaille, parce que nous apprimes que M. le chancellier [1] y devoit arriver le vendredy au soir. Le lendemain, a neuf heures du matin, nous eumes l'honneur de le voir. Nous l'assurames qu'on avoit une extreme veneration pour luy en Languedoc, qu'on y conservoit cherement le souvenir des commissions qu'il y a exercées, et qu'en nul autre endroit du royaume il n'etoit ny si aimé ny si respecté.

Après nous avoir remerciés en termes tres obligeants, il fit l'eloge de cette province. Il s'etendit sur les marques de fidelité que vous avés données dans tous les temps, nous assura qu'il auroit une amitié singuliere pour vos peuples, et qu'il rendroit service avec plaisir au general et aux particuliers.

De chés M. le chancellier nous allames chés M. le controlleur general [2]. Nous luy demandames sa protection, avec la confiance que nous doit donner notre fidelité et les efforts continuels que nous faisons pour signaler notre zele : nous luy dimes que c'etoient des motifs tres pressants pour l'obtenir d'un grand ministre comme luy, qui travaille avec une application sans relache a soutenir la gloire et la reputation de la France. Nous luy representames que la province etoit si epuisée, que, s'il n'avoit la bonté de luy procurer quelque soulagement, il falloit qu'elle succombat sous le poids des charges qui nous accablent.

Après nous avoir temoigné combien il etoit sensible a l'honneur que vous luy faisiés, il nous dit qu'il ne pouvoit pas mieux faire sa cour que de parler en notre faveur, que le Roy etoit si satisfait de votre conduite, qu'il vous donneroit des marques considerables de sa bienveillance, dès que le temps le pourroit permettre.

---

[1] Louis Boucherat; il avait succédé en 1685 à Michel Le Tellier, et avait été antérieurement intendant de la province de Languedoc.
[2] Le comte de Pontchartrain remplissait alors ces importantes fonctions.

Le meme jour, a midy et demy, nous nous rendimes chés M. le duc de Beauvilier [1]. Nous luy representames la misere et l'accablement de la province ; nous le suppliames d'employer son credit pour nous obtenir quelque soulagement, et l'assurames que vous en auriés une reconnoissance eternelle.

Il nous remercia d'une maniere tres honeste et tres obligeante, et nous assura qu'il parleroit avec plaisir en votre faveur, pour faire repondre avantageusement votre cayer. Il nous dit aussi que le Roy etoit si content du Languedoc, qu'il le distingueroit toujours avantageusement des autres provinces de son royaume.

M. le chancellier, M. le duc de Beauvilier et M. le controlleur general nous receurent en la maniere accoutumée.

Le 26 du mois d'aoust, madame la duchesse du Mayne retourna de Chantilli a Versaille. Le lendemain, nous luy rendimes les devoirs de la province, a l'issüe de son diner. Elle nous receut debout, a trois pas de la porte de sa chambre. Nous luy dimes que nous ressentions vivement le bonheur de vivre sous les ordres d'une princesse si accomplie et d'un prince encore plus recommandable par ses grandes qualités que par l'eclat de sa naissance, que celle de M. le prince de Dombes [2] rendoit notre joye parfaite, et nous faisoit concevoir des esperances presque certaines de jouir pendant une longue suite d'années de l'avantage que nous avions depuis si longtemps d'etre gouvernés successivement par les enfants des heros.

Elle nous remercia fort obligeamment des temoignages d'affection que vous luy faisiés donner, et nous dit qu'elle se feroit toujours un vray plaisir de rendre service au general et aux particuliers de cette province.

Après ce compliment, nous croyions, Messieurs, qu'il ne nous restoit qu'a solliciter la conference de M. le controlleur general et la reponse au cayer.

Mais nous apprimes, au commencement du mois de septembre, que M. le duc du Mayne etoit de retour de l'armée. Comme nous paroissions publiquement en qualité de vos deputés, nous creumes que nous etions obligés a le voir de votre part.

Son Eminence, dont les ordres ou les conseils ont toujours reglé notre conduite, approuva cette pensée.

Le 9 du mois de septembre, nous luy allames rendre vos devoirs. Nous luy dimes que vous aviés consideré son absence comme un des malheurs de la guerre, qui vous avoit privés de luy faire renouveller tous les ans par vos deputés les assurances de votre respect; que nous tirions de sa presence le presage d'une paix prochaine,

---

[1] Ministre d'État, président du Conseil royal des finances, et l'un des personnages les plus influents de l'époque.

[2] La naissance du prince de Dombes, notifiée aux États de Languedoc le 10 décembre 1695, avait été l'objet de démonstrations publiques de joie. — Le duc du Maine était alors gouverneur de Languedoc.

puisqu'elle nous en faisoit gouter les premiers fruits; que cette paix seroit bien douce et bien glorieuse pour nous, si elle nous pouvoit procurer le bonheur de le voir dans son gouvernement.

Il nous repondit d'une maniere tres vive, tres spirituelle et tres eloquente, et nous assura en finissant que, s'il souhaitoit d'etre en Languedoc, c'etoit surtout pour vous pouvoir donner des marques de son estime et de son amitié.

Le 17 du meme mois, par le credit de son Eminence, nous eumes la conference de M. le controlleur general, sans quoy, selon toutes les apparences, elle auroit eté renvoyée a Fontainebleau.

Nous fumes introduits dans son cabinet a dix heures du matin. Il etoit seul : il s'assit derriere son bureau, et nous fumes placés vis a vis de luy dans des chaises a bras.

On examina notre cayer, qui est composé de dix sept articles ; ils furent leus d'un bout a l'autre par M. de Boyer votre sindic, qui n'avoit rien oublié de tout ce qui peut regarder l'avantage ou le soulagement de la province. J'aurois peine a trouver des termes qui peussent vous faire connoitre son exactitude et l'application avec laquelle il a menagé vos interets.

M. Millaud les a tres bien soutenus.

M. de Penautier[1] a agi avec son zele ordinaire : c'est vous dire beaucoup de choses en peu de mots.

Et le sieur Pegullian, votre agent, a travaillé sans relache et avec une extreme activité a l'execution de vos ordres.

Vos demandes, Messieurs, etoient pleines de justice. Mais, outre que les temps sont fascheux et difficiles, vos raisons paroissoient foibles dans la bouche du tiers etat. Sans le secours du clergé et de la noblesse, que pouvions nous pretendre d'avantageux? C'est un malheur pour la province que les dignes deputés de ces deux ordres si illustres et si considerés n'ayent peu soutenir vos interets. Si nous les avions eus a notre tete, on auroit sans doute repondu plus favorablement votre cayer. On ne vous a accordé que quelques demandes des moins importantes. Pour ne pas abuser de votre audience, je ne vous entretiendrai que du nouvel etablissement des experts jurés et de la creation des prevots particuliers. M. votre sindic vous rendra compte des autres beaucoup mieux que je ne ferois.

Les edits portant etablissement d'experts jurés et de greffiers de l'ecritoire, donnés au mois de may, de juillet et de decembre de 1690, vous ayant paru ruineux pour vos peuples, soit a cause de l'eloignement des lieux ou ils etoient etablis, soit pour les droits excessifs qui leur etoient attribués pour leurs vacations, et par plusieurs autres considerations tres importantes, que je passe sous silence pour ne pas

---

[1] Alors trésorier de la bourse.

vous ennuyer, par votre deliberation du mois de janvier 1695 vous offrites soixante trois mille livres et les deux sols pour livre, ou pour le remboursement de ceux qui avoient acquis de ces charges, ou pour etre subrogés au droit du Roy pour celles qui restoient a remplir. Votre offre fut acceptée ; il y eut un arret du Conseil, le 29 du mois de mars de la meme année, qui la confirme aux conditions que vous aviés proposées. Les acquereurs furent rembourcés; le surplus de la somme doit etre payé sur les ordres de M. le controlleur general, et votre sindic chargé de poursuivre la revocation de ces edits, qui vous avoit été promise.

Qui n'auroit creu, Messieurs, que cette affaire etoit consommée ? Cependant, au mois de mars dernier, il y a eu un edit qui crée des nouveaux experts jurés et des greffiers de l'ecritoire, en vertu duquel le traitant a pretendu etre en droit de vendre de ces charges en Languedoc.

Nous representames a M. le controlleur general qu'après un traité dont toutes les conditions etoient remplies de votre part, il n'etoit pas juste qu'on fit revivre des charges pour la suppression desquelles vous veniés de financer une somme considerable; que, si cela avoit lieu, il etoit a craindre que la province n'oseroit plus traiter d'aucune affaire, par le peu de seureté qu'elle y trouveroit.

Nous le suppliames de vous donner un arret du Conseil, qui declarat que le Roy n'avoit entendu comprendre dans son edit du mois de mars dernier la province de Languedoc.

Mais rien ne peut esbranler M. le controlleur general. Il nous repondit que vous n'aviés pas sujet de vous plaindre ; que votre traité ne portoit qu'une simple subrogation aux droits du Roy pour toutes les charges créées ; qu'il ne pretendoit pas vous empecher d'en disposer comme vous l'entendriés; que vous en etiés les maitres; mais que cela n'otoit pas au Roy la liberté d'en créer des nouvelles, pour lesquelles vous n'aviés pas traité ; que cependant, pour vous temoigner sa bonne volonté, il vous en feroit bon marché.

Nous luy repliquames que dans tous les traités que la province faisoit avec le Roy on se servoit d'ordinaire du terme de subrogation, a cause des recouvrements que vous etiés obligés de faire, mais qu'il avoit toujours eu la meme force que celuy de suppression ou de revocation, et que jusques a maintenant on n'y avoit fait aucune difference.

Nous primes la liberté d'y adjouter que l'inexecution du premier traité vous empecheroit sans doute d'en faire un second.

Nous ne fumes pas plus heureux a l'autre demande, de laquelle je dois vous entretenir.

Vous sçavés, messieurs, que les vingt deux dioceses qui composoient la province de Languedoc avoient eu de tout temps la faculté de nommer chacun en droit soy des prevots diocesains, et que ceux d'entre eux qui avoient jugé a propos d'en avoir pour le repos et la seureté du pais en faisoient comprendre les fonds des gages dans les impositions qui se reglent aux assiettes.

Ce droit si ancien se conserva tout entier, et sans qu'on y donnat aucune atteinte, jusques en l'année 1606, qu'il y eut un edit qui revoquoit les prevots diocesains. En 1610, les Etats en obtinrent la suppression, moyenant la somme de quarante cinq mille livres, ce qui fut confirmé par trois arrets, rendus en 1639, en 1673 et en 1680, sur les avis de MM. les intendants, qui reglent les fonctions des prevots diocesains avec les officiers de la prevoté generale.

Cependant, au mois de may dernier, il y a eu un edit qui supprime les prevots diocesains et qui en crée des particuliers, avec des lieutenants dans chaque diocese. Le Roy leur attribue cinquante mille livres de gages, dont trente mille cinq cent doivent etre pris sur les impositions de la province, sçavoir quatorze mille huit cent quatrevingt livres sur le fond des gages qu'on pretend qui s'imposent toutes les années pour les prevots diocesains, et quinze mille six cent vingt livres sur les depenses impreveües des dioceses, qui par arret du Conseil de 1634 ont eté reglées a quinze cent livres pour chacun.

Nous representames a M. le controlleur general que cet edit vous otoit un droit dont la province jouissoit depuis plusieurs siecles sans trouble et sans contestation; qu'il l'en depouilloit, sans vous rembourcer les quarante cinq mille livres financées en 1610; et qu'enfin cet edit grossissoit considerablement vos impositions, dans un temps ou la province etoit epuisée et hors d'etat de soutenir de nouvelles charges.

Pour l'en eclaircir, nous adjoutames que plusieurs dioceses n'ayant point de prevot n'en imposoient pas les gages; que les quinze cent livres des depenses impreveües suffisoient a peine aux dioceses pour fournir aux frais auxquels ils etoient indispensablement exposés, et que, quand il y avoit quelque chose de reste, ce qui n'arrivoit presque jamais, cela servoit de moins imposé l'année suivante. Nous le suppliames de vous accorder la revocation d'un edit si ruineux et si contraire aux privileges de la province; qu'en tout cas, si on vouloit le faire subsister, qu'on vous rembourçat les quarante cinq mille livres financées en 1610, et que le Roy eut la bonté de faire l'entier fond des gages qu'il attribuoit a ces nouveaux officiers.

M. le controlleur general nous repondit que la nomination des prevots diocesains n'etoit qu'une tolerance; qu'il y avoit si longtemps que la province avoit financé quarante cinq mille livres, qu'elle en etoit suffisamment remboursée par la joüissance d'un droit qui ne luy appartenoit pas; qu'a l'egard des trente mille cinq cent livres qu'on prenoit sur vos impositions, cela ne pouvoit presque pas les grossir, parce qu'hors de quelques dioceses tous les autres imposoient les gages des prevots diocesains; que le bon ordre que vous aviés etabli dans la province, votre sage conduite et votre œconomie vous feroit aisement retrouver sur quelqu'autre depense ce qu'on prenoit sur les depenses impreveües des dioceses, et qu'enfin le Roy auroit egard a vos demandes, quand les temps seroient meilleurs.

Voila, Messieurs, un recit fideile de ce qui s'est passé dans le cours de notre deputation. Il auroit peu vous etre fait par une bouche plus eloquente, mais non pas plus sincere; c'est la seule louange a laquelle je puis pretendre. Dispensés moy de vous en dire davantage : quand on a l'honneur de parler devant vous, l'amour propre le moins eclairé renonce d'abord a la gloire de l'eloquence, pour se retrancher dans celle de la sincerité; trop heureux, Messieurs, si mon profond respect pour cette auguste compagnie et le zele ardent dont ma conduite a eté animée vous obligeoient a l'approuver, et pouvoient me procurer quelque part a votre estime et a votre bienveillance. Ce souhait comprend tout ce que je puis desirer de plus grand et de plus glorieux.

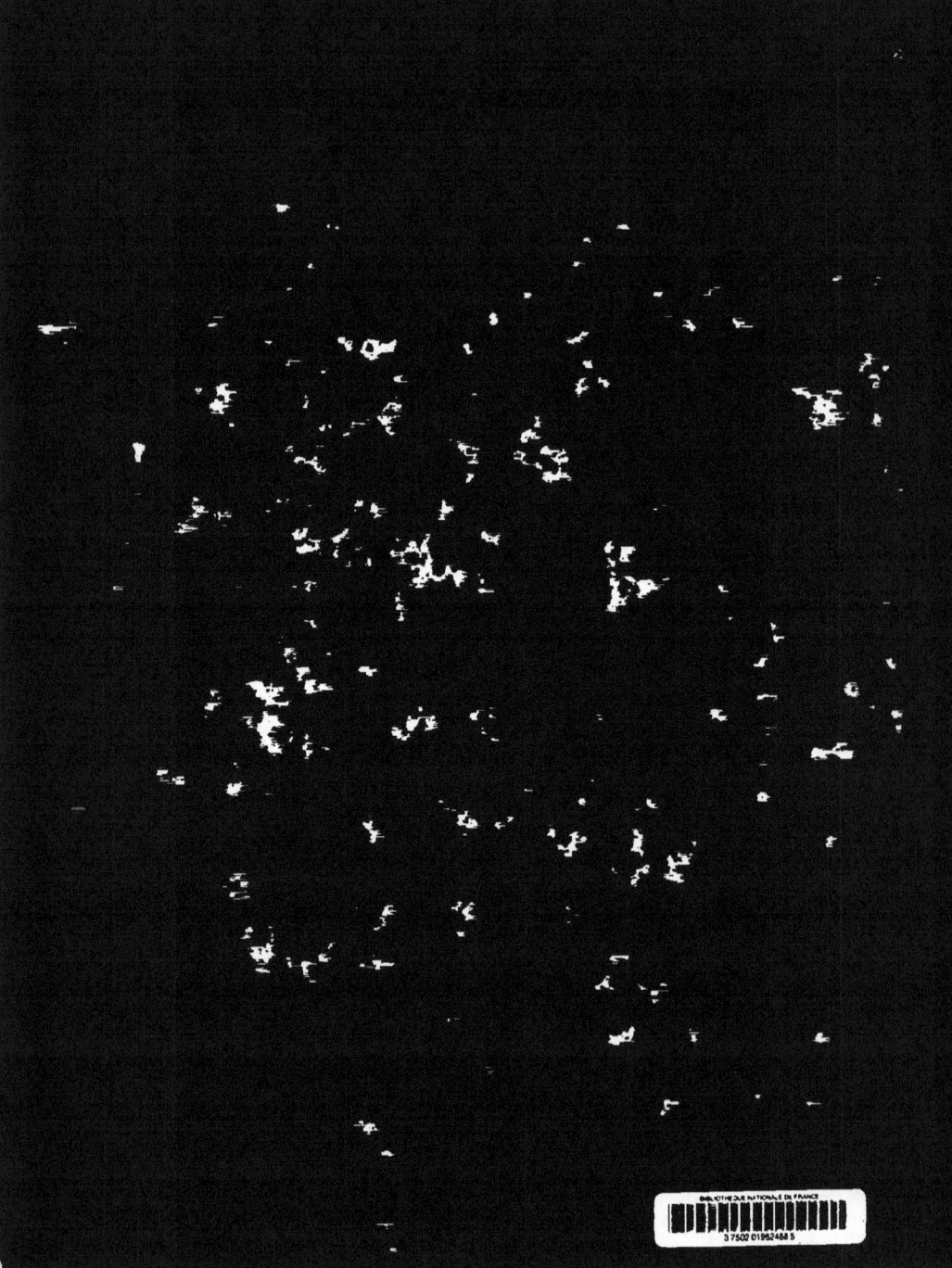

www.ingramcontent.com/pod-product-compliance
Lightning Source LLC
Chambersburg PA
CBHW060915050426
42453CB00010B/1729